Ruth von Blarer

Kochen aus dem Stegreif

Ruth von Blarer

Kochen aus dem Stegreif

Man nehme, was man hat

Fotos
von Evelyn und Hanspeter König

AT Verlag Aarau · Stuttgart

AT Verlag Aarau/Schweiz
Umschlag und Gestaltung: AT-Grafik
Fotos und Styling: Atelier König, Zürich
Gesamtherstellung: Grafische Betriebe
Aargauer Tagblatt AG, Aarau
Printed in Switzerland
ISBN 3-85502-229-1

Inhalt

Ein Lob auf die Improvisationsgabe meiner Grosstante Louise

Onkel Heinrich, Tante Louisens Mann, kam nach einem ausgiebigen Männerabend der alten Schule auf die glänzende Idee, seine nicht mehr ganz nüchternen Freunde zu sich nach Hause zu einem abschliessenden Kaffee Kirsch einzuladen. Die schlafende Tante wurde also, wie es damals üblich war, kurzerhand geweckt und in die Küche zum Kaffeekochen beordert. Sein Wunsch war ihr Befehl (den emanzipierten Frauen von heute sträubt sich das Haar!); sie stieg in die Küche hinunter und setzte Kaffeewasser auf. In der Speisekammer stellte sie zu ihrem grossen Schrecken fest, dass der Inhalt der Kirschflasche kaum mehr den Boden bedeckte.

Eines war sicher: Den feuchtfröhlichen Männern konnte sie nicht mit einer leeren Kirschflasche unter die Augen treten. Kurzerhand füllte sie sie bis zur Hälfte mit Wasser und erschien selbstsicher in der guten Stube. Sie schenkte jedem eine Tasse Kaffee ein und verbesserte sogleich das Getränk mit einem kräftigen Schuss aus der Flasche: «So ist es am einfachsten, und ich muss dann keine Gläser abwaschen.»

Die Moral von der Geschicht': Wenn etwas fehlt in der Küch', lässt es sich mit etwas Phantasie meistens ersetzen.

Tante Louise war aber nicht nur eine phantasievolle, sondern auch eine sehr geistesgegenwärtige Frau.

Anlässlich einer grossen Abendgesellschaft passierte der Hausangestellten das Missgeschick, dass sie mit dem köstlichen Hauptge-

richt, einer knusprig gebratenen Gans, über die Türschwelle stolperte. Die Platte fiel zwar nicht zu Boden, doch der schöne Vogel rollte über den Teppich. Darauf sagte Tante Louise zu ihrer Angestellten, die sich am liebsten in einer Parkettspalte unsichtbar gemacht hätte, seelenruhig: «Rosa, heben Sie die Gans auf, tragen Sie sie hinaus und bringen Sie bitte die andere Gans.»

Unter Tante Louisens Obhut habe ich die ersten Kochversuche am metabeheizten Puppenherd gemacht: Kakao, Apfelstückchen, Griesspudding und – als höchste Kinderseeligkeit – ein kleines Stück Fleisch, das sie vom Familienbraten für mich abgeschnitten hatte. Das Plätzchen in der Puppenpfanne wurde für mich zur bitteren Enttäuschung. Ich weinte und war kaum zu trösten; denn ich hatte nie damit gerechnet, dass es beim Braten so viel kleiner würde.

Wie mag es wohl kleinen Buben und Mädchen ergehen, die heute am elektrischen Puppenherd ihre Kochkünste versuchen – mit heutigen Plätzchen, die bekanntlich manchmal selbst einen Erwachsenen zum Weinen bringen können?

Vor allem möchte ich in diesem Buch zeigen, wie man aus Resten oder aus eher zufällig im Eisschrank Vorhandenem schmackhafte Gerichte machen kann. Wichtig ist es, dass Sie die Grundnahrungsmittel nicht ausgehen lassen und ein gut bestücktes Gewürzgestell haben. Dann brauchen Sie nur noch ein wenig Mut, Phantasie und Freude am Kochen für sich und für andere.
Neben der sorgfältig und von langer Hand geplanten Gastfreundschaft gibt es noch die spontane des glücklichen Zufalls. Gerade sie beschert uns manchmal die fröhlichsten Tischrunden. Vielleicht nicht zuletzt deshalb, weil man dann als Koch oder Köchin des Anspruchs enthoben ist, alles müsse perfekt und auf die Minute bereit sein. Die Gäste dürfen ruhig mithelfen und aus ihrer eigenen Küche das eine oder andere mitbringen.
Den Einwand, manche der vorgeschlagenen Gerichte brauchten für ihre Zubereitung viel Zeit, kann ich nicht entkräften. Ich finde aber, Kochen sollte als Kunst betrachtet werden, die möglichst von allen, jungen und älteren Haushaltmitgliedern beherrscht und gepflogen wird. Wo im Turnus gekocht wird, kriegt niemand den Verleider.
Kochen ist eine kreative Tätigkeit, bei der Kopf, die Hände und das Herz beteiligt sind. Man macht sich und den anderen damit Freude und spart erst noch Geld. Dafür darf man auch ein wenig Zeit aufwenden – fürs Staubsaugen und Autowaschen tut man's ja auch.
Dieses Buch ist für Leute gedacht, die sich nicht gerne sklavisch an Rezepte halten, sondern sich inspirieren lassen möchten und Freude am Experimentieren haben.

Mengenangaben «Für vier Personen» finden sich nur selten. Ich nehme an, Sie kennen Ihre Esser so gut, dass Sie wissen, wieviel sie von einem Gericht ungefähr verzehren werden. Und wenn's Reste gibt, um so besser. Das kann sogar ein sehr willkommener Ausgangspunkt für etwas Neues sein.
Beim Würzen finde ich exakte Angaben ohnehin überflüssig; denn Würzen ist höchst individuelle Geschmackssache. Fangen Sie mit wenig an und probieren Sie immer wieder. Das schärft den Geschmackssinn. Anders als in der professionellen Küche braucht im eigenen Haushalt das gleiche Gericht ja wirklich nicht immer genau gleich zu schmecken. Solche Konstanz dürfen wir getrost gewissen Küchenchefs und der Fixfertig-Menü-Industrie überlassen.
Und noch etwas: Zutaten wie Rahm, Butter, Olivenöl, vollfetter Käse, Eier sind rechte Kalorienschmuggler, verfeinern aber die Gerichte oft ganz wesentlich. Deshalb will ich es jeweils Ihnen überlassen, in welchem Mass und wie oft Sie zu einer kleineren oder grösseren (Kalorien-)Sünde bereit sind.
Ich widme dieses Buch meinen Söhnen Kaspar und Peter, die ich wohl am regelmässigsten bekocht und mit Erfolg zum Selberkochen animiert habe. Vor allem aber gehört es meinen Freunden, die mich durch ihre Begeisterung und oft auch milde Nachsicht, wenn etwas missraten war, immer wieder beim Kochen beflügelten. Besonders dankbar bin ich meiner Freundin Yvonne, die mich zu diesem Buch ermunterte, und meinem verstorbenen Freund Dick, der mich vor 35 Jahren in die Grundsätze der Stegreif-Küche eingeweiht hat.

Zürich und Tegna, Anfang 1985

Ruth von Blarer

Ein gestürztes Kohlköpfchen ist kein Schnellgericht

Reis – König der Resten

Reis ist ein ideales Ausgangsprodukt für Dutzende von herrlichen Gerichten. Ich freue mich immer, wenn von einem Reisgericht etwas übrig bleibt, sei es nun Risotto oder Trockenreis oder jene Mischung von beidem: nicht ganz trocken, aber auch nicht ganz so saftig wie ein richtiger, italienischer Risotto. Nichts ist einfacher, als Reste zu provozieren – man kocht von Anfang an mehr, als man braucht; aber dann nicht zu knapp!
In der letzten Zeit habe ich mir angewöhnt, möglichst oft Vollreis oder Rohreis auf den Tisch zu bringen.
Der braune Naturreis, wie er auch genannt wird, hat einen höheren Nährwert als der polierte Reis. Er enthält vor allem mehr Spurenelemente wie Kalzium und Eisen sowie Vitamine, vor allem auch solche aus dem B-Komplex.
Man kann die lange Kochzeit, die er allerdings braucht, erheblich verkürzen, wenn man ihn schon eine halbe Stunde vor dem Kochen einweicht. Im Dampftopf dauert es dann noch etwa 20 Minuten. Für die meisten der folgenden Rezepte wird bereits gekochter Reis verwendet. Die «Gefüllten» auf Seite 18/19 gelingen aber auch gut, wenn der Reis roh verwendet wird – allerdings nur mit poliertem Reis. Man braucht dann mehr Flüssigkeit in Form von Wasser, Weisswein oder Bouillon und muss halt öfter nachschauen und etwas dazugiessen, wenn man denkt, es sei nötig.

Siebenbürger gelegtes Kraut

Erdélyi rakott kâposzta

Meine Schwiegermutter aus der ungarischen Puszta hatte mir dieses Gericht zu meinem Geburtstag in Aussicht gestellt. Bis dahin waren für mich Gulaschsuppe, Szegediner Gulasch und Mohnstrudel das höchste der ungarischen Gefühle gewesen. Sollte es etwas noch Köstlicheres geben? Ich fragte meinen Mann, der auch gut kochen konnte, was das denn sei. Gekocht hätte er es selber nie, meinte er, aber er wisse, was ungefähr drin sei: Fleisch, Würste, Reis, Sauerkraut und natürlich viel Sauerrahm und Paprika. Mir blieb der Schnauf weg. Reis und Sauerkraut im gleichen Topf – wenn das nur gut ging!

Um es kurz zu machen: Noch heute gibt es kein Gericht, von dem ich soviel essen kann, wie von Erdélyi rakott kâposzta – und ohne mich hinterher auch nur eine Spur überessen zu fühlen. Seither haben es unzählige meiner Freunde und Bekannten bei mir gegessen – es lässt sich gut im voraus zubereiten und ist für jede Menge Gäste geeignet – und es hat noch niemandem nicht geschmeckt. Reste gibt es praktisch nie. Dabei schmeckt es aufgewärmt fast noch besser.

Zutaten für 6–8 Personen

8–10 Tassen bereits gekochter Reis
(gut gewürzt, nicht zu weich)
1,5 kg Sauerkraut
750 g Hackfleisch, dreierlei
oder nur vom Rind
300 g ungarische Paprikawurst
oder irgendeine Art Saucisson
6 dl Sauerrahm/M-Dessert (s. S. 61)
2–3 Zwiebeln, Knoblauch, Rosmarin,
Thymian, Paprika edelsüss

Wie's gemacht wird

Man kann das Sauerkraut roh verwenden und einfach lockern und mit viel Paprika vermischen. Noch besser schmeckt es, wenn das Kraut so vorgekocht wird: Zwiebeln fein schneiden und in Öl andämpfen. Wenn sie goldgelb sind, etwas Zucker und einen Esslöffel Paprika beigeben. Immer rühren, nach einer halben Minute das gelockerte Sauerkraut beigeben und noch etwa fünf Minuten weiterschmoren. Mit Weisswein oder Bouillon ablöschen. Auf kleiner Flamme ca. 1 Stunde kochen, aber ja nicht anbrennen lassen. Von Zeit zu Zeit etwas Flüssigkeit nachgiessen. Am Schluss soll das Kraut feucht, aber nicht nass sein.

Unterdessen das Hackfleisch in einer Bratpfanne mit Zwiebeln und Pfeffer anbraten, Knoblauch, Rosmarin und Thymian dazugeben, salzen und zugedeckt ca. 15 Minuten schmoren. In einer kleineren Bratpfanne die in Scheiben geschnittene Wurst etwas anbraten (evtl. mit Speckwürfeln) und das Fett abgiessen.

Wenn alles bereit ist, die Zutaten lagenweise in eine nicht zu flache, gefettete Form schichten. Zuunterst und zuoberst muss eine Schicht Kraut sein. Den Rahm mit Paprika verquirlen und schön gleichmässig darübergiessen und mit einer Gabel ein wenig nach unten fliessen lassen. Im Ofen überbacken, bis die Oberfläche rotgolden ist.

Bei meiner Freundin Katharina, deren Eltern Russen waren, hab ich eine noch kühnere Variante dieses Gerichtes schätzen gelernt: Statt Hackfleisch und Wurst werden dort rohe Fischfilets dazwischengelegt.

Die auf den Seiten 10 und 11 abgebildeten Reisreste sind (im Uhrzeigersinn):

- *Weisser Trockenreis*
- *Gemüsereis (eine Art Risotto mit kleingeschnittenem Gemüse)*
- *Saffranreis*
- *Risotto mit Tomaten und Tomatenpüree*
- *Rohreis*

Reis-Tätschli

Die appetitlich brutzelnden Tätschli sind aus einem Rest Vollreis, gemischt mit biologisch gezogener Gerste, gehackten Pinienkernen und Rosinen gemacht. Da sie nicht gut zusammenhalten, habe ich ein zerklopftes Ei und etwas Brösel dazugemischt. Ich forme sie eventuell in einem Tässchen, damit sie in der Bratpfanne möglichst flach liegen. Der Trick ist, sie erst zu wenden, wenn sie schon eine recht solide Kruste haben. Am besten geht es mit zwei Löffeln.
Wenn die Küchlein auf beiden Seiten knusprig sind, serviere ich sie mit einer Schüssel Salat oder Gemüse.
Wir sind es gewöhnt, Getreide, wie Reis, oder Hülsenfrüchte, wie Linsen, Bohnen usw., unvermischt zu essen. Das ist schade. Nicht nur, weil uns dann schmackhafte Kombinationen entgehen, sondern vor allem, weil es möglich ist, durch bestimmte Kombinationen von Nahrungsmitteln tierisches Eiweiss zu ersetzen. Deshalb ist es auch möglich, sich vollkommen vegetarisch und trotzdem gesund zu ernähren.
Dieses Buch ist zwar kein Kochbuch für Vegetarier, aber Fleischgerichte spielen darin eine eher untergeordnete Rolle. Ein Erwachsener, der täglich ca. 100 Gramm Fleisch zu sich nimmt, kann damit seinen Bedarf an verwertbarem Eiweiss vollkommen decken. Obwohl es viele Hinweise gibt, dass sich ein hoher Fleischkonsum nachteilig auf Leber, Nieren und die Kreislauforgane auswirkt, beträgt der durchschnittliche tägliche Fleischverbrauch bei uns pro Kopf 230 Gramm.
Doch es gibt noch ein anderes Argument, weniger Fleisch zu essen:
Der Sinn der Viehzucht war ursprünglich, aus dem für den Menschen nicht verwertbaren Gras essbares Eiweiss zu produzieren. Heute aber verwenden die Industrienationen Nahrungsmittel, die Menschen ernähren könnten, als Viehfutter, zum Beispiel Soja, Mais, aber auch Fische in Form von Fischmehl. Nur auf diese Weise können wir uns unser tägliches Steak leisten: um den Preis, dass auf den Feldern der Drittweltländer Viehfutter statt Menschen-Nahrung wächst. Wenn wir also unseren Fleischverbrauch einschränken, können wir, langfristig gesehen, einen Beitrag gegen den Hunger in der Welt leisten.
Vorstellen kann man sich das am besten, wenn man sich folgendes Verhältnis vor Augen hält: Um ein Kilogramm reines, tierisches Protein zu produzieren, braucht es 7 bis 10 Kilogramm reines, pflanzliches Protein. Eine riesige Verschwendung wertvoller Nahrung! Doch Eiweiss ist nicht gleich Eiweiss.
Nicht jedes Eiweiss ist biologisch gleichwertig. Um die unbedingt notwendigen, sogenannten essentiellen Aminosäuren aufzubauen, braucht unser Körper verschiedene Eiweissbausteine. Da es kein Nahrungsmittel gibt, das alle nötigen Bestandteile enthält, müssen wir eben verschiedenartige Dinge essen. Fleisch und Eiereiweiss sowie die Proteine aus Milchprodukten, wie Yoghurt, Käse, Quark, Hüttenkäse, gehören zu den hochwertigsten. Bestimmte Nahrungsmittel, die zusammen zubereitet oder gegessen werden, können sich aber in ihrer biologischen Eiweisswertigkeit steigern. Gute Kombinationen sind zum Beispiel Kartoffeln mit Milchprodukten und Eiern, Vollwertgetreide mit Nüssen, Quark mit Nüssen. Milchprodukte reichern praktisch alles an: Brot und Getreide, Mais, Kartoffeln, Hülsenfrüchte, Nüsse.
Wenn Sie mehr über diese Zusammenhänge erfahren möchten, finden Sie auf Seite 63 ein paar Buchhinweise.

Russische Reispastete

Kulebjaka

Zutaten

450 g Mehl
125 g Butter
2 EL Öl
½ EL weisser Essig
½ dl Wasser
1½ TL Salz

Daraus einen elastischen Teig kneten.
(Die Kulebjaka gelingt aber auch mit gekauftem Blätterteig.)

3–4 Tassen in Hühnerbouillon gekochter Reis
ca. 150 g frische Champignons, in Scheiben geschnitten
ca. 200 g Rauchlachs*) oder pochierter Lachs, zerpflückt
3 harte Eier, gehackt
1 grosse Zwiebel, feingehackt
frischer oder getrockneter Dill
1 Becher Sauerrahm oder M-Dessert (s. S. 61)
Zitronensaft

*) im Traiteurgeschäft Lachs-Abschnitte verlangen

Wie's gemacht wird

Die Champignons mit den Zwiebeln weichdämpfen. In einer grossen Schüssel beiseite stellen, mit Pfeffer und Salz würzen und mit dem Saft einer halben Zitrone begiessen. Alle übrigen Zutaten dazugeben, sorgfältig untereinandermischen.
Wer wirklich stilecht sein will, macht den Kulebjaka-Teig selber. Ein rechteckig ausgewalltes Stück Teig wird auf ein gefettetes Backblech gelegt. Darauf formt man mit der Reismischung einen schön gleichmässig-länglichen Hügel. Ein zweites Teigstück wird wie ein Tuch darübergelegt. Das geht am besten, wenn man zuerst den Teig um das Wallholz wickelt und ihn dann abrollt. Die Ränder gut verkleben, einschlagen und andrücken. Mit ausgestochenen Teigfiguren verzieren, einige Löcher hineinstupfen, mit Eigelb bepinseln und goldbraun backen.

Varianten

Statt Lachs kann man gewöhnliche Fischfilets und eventuell 100 g Crevetten verwenden. Die Kulebjaka schmeckt aber auch sehr gut ohne Fisch. Die Reisfüllung besteht dann etwa zur Hälfte aus gedämpftem Kohl und Zwiebeln, gehackten Eiern, Pilzen, Dill und Petersilie.

Mit Reis Gefülltes

Was auf diesen Seiten gezeigt wird, will lediglich Anregung sein, soll die Schwelle überwinden helfen, einen weiteren Kochtopf, ein Schüsselchen mehr «anzuschmutzen» und eine halbe Stunde zusätzliche, aber kreative Handarbeit auf sich zu nehmen.
Die Füllung aus dem Dreiklang Reis-Gemüse-Ei lässt sich endlos variieren, sei es zu Vorspeisen oder zu Hauptgerichten, die heiss, lauwarm oder kalt auf den Tisch kommen. Je nach Gaumenlust kann man noch ein weiteres Getreide, z. B. Mais dazumischen. Auch Hackfleisch passt, Käse und Nüsse, Rosinen, ein wenig Weisswein oder Zitronensaft, Zwiebeln und Kräuter, viel, wenig oder gar kein Knoblauch...

Wie's gemacht wird

Zucchetti und Peperoni

Die Zucchetti und die bunten Peperoni werden im Dampf kurz vorgekocht, ausgehöhlt und mit einer Reis-Käse-Kräuter-Knoblauch-Mischung gefüllt. Darüber kommt ein ziemlich dicker Guss aus Ei, Reibkäse und etwas Bröseln.
Wenn Sie schnell arbeiten, sind die Zucchetti und Peperoni noch heiss und brauchen im Ofen praktisch nur noch von oben gebräunt zu werden.

Kohl- und Weinblätter

Die Blätter in leicht gesalzenem Wasser wellen und auf einem Sieb oder Tuch abtropfen lassen. Beim Kohl mit einer Schere alle dicken Rippen herausschneiden.
Wer keinen Rebstock zum Plündern hat – wer hat das schon –, der kauft in einem Türken- oder Griechenladen ein Paket Weinblätter in Salzlake, spült sie kurz unter fliessendem Wasser und lässt sie abtropfen.
Man gibt auf die flachliegenden Blätter je einen Kaffeelöffel Füllung und formt daraus ein kleines Päckchen. Diese werden, mit den Blattzipfeln nach unten, dicht neben- und übereinander in einen tiefen Kochtopf gefüllt. Mit gut gewürzter Bouillon, einem Glas Weisswein und etwas Olivenöl übergiessen und auf kleinem Feuer etwa 30 Minuten schmoren.
Die Weinblätter mit der rohen Reisfüllung brauchen entsprechend mehr Flüssigkeit, die man nach und nach zugiesst. In Griechenland werden sie mit einer im Wasserbad geschlagenen Eigelb-Zitronensaft-Sauce oder mit knoblauchgewürztem Yoghurt lauwarm gereicht.

Auf der Platte rechts liegen zweierlei gefüllte Blätter: die guten, alten Krautwickel und gefüllte Weinblätter. In den Krautwickeln ist eine Hackfleisch-Reis-Mischung, in den Weinblättern eine Mischung aus rohem Reis, Weinbeeren, gehackten Pinienkernen und Knoblauch.

Mit Reis Geschmortes

Wieder ist ein grösserer Reisrest das Ausgangsprodukt. Er kann allein in der Bratpfanne knusprig aufgebraten werden – und man hat ein völlig neues Gericht auf dem Tisch. Es lassen sich aber alle Zutaten, die auf der rechten Seite in der Paellapfanne gezeigt sind, mit dem Reisrest kombinieren: geschnetzeltes oder gehacktes Fleisch, alle Sorten Gemüse, natürlich Zwiebeln und Knoblauch, Pilze, Thon oder jeder beliebige andere Fisch.

Wie's gemacht wird

Die kleingeschnittenen Zutaten werden in Öl, Fett oder Butter angedämpft, gewürzt und zum Schluss zusammen mit dem Reis noch etwa fünf Minuten unter stetem Wenden gedünstet. Je nachdem, ob man mit hiesigen Kräutern, mit Paprika, Curry oder anderen exotischen Dingen würzt, eventuell zum Schluss noch etwas Sojasauce dazugibt, erhält das Gericht einen anderen Charakter.
Eine Ausnahme in der Zubereitung gilt für die Fischvariante. Der Fisch oder Thon kommt fast zuletzt in die Pfanne, wenn alles schon genügend weich und der Reis heiss genug geworden ist.

Riso ai fratelli Russo

Diesen Thonreis habe ich einmal von einem Kunstmaler-Zwillingspaar in Florenz vorgesetzt bekommen, als ich unangemeldet in ihrer Tür stand. Seither hat mich der Riso ai fratelli Russo schon Dutzende Male aus einer Kochverlegenheit gerettet.

Zutaten

- 1–2 grosse gehackte Zwiebeln
- frische, kleingeschnittene Tomaten und/oder Tomatenpüree
- pro Person ca. 1½ Tassen gekochter Reis
- Knoblauch aus der Presse, soviel man sich getraut
- eine grosse Büchse Thon, rosa oder weiss
- 50–100 g geriebener Parmesan oder Sbrinz
- Petersilie, eventuell Basilikum, Pfeffer, wenig Salz

Man dünstet die Zwiebeln in Olivenöl an und fügt die übrigen Zutaten in der angegebenen Reihenfolge bei. Wenn alles gut heiss ist, auf vorgewärmten Tellern servieren.

Buffet – aus der Not eine Tugend gemacht

«Buffet» ist hier überhaupt nicht feudal gemeint, im Gegenteil, es ist eher eine Notlösung.
Vielleicht haben Sie, wie es mir oft passiert, keine Lust oder Zeit gehabt, fürs Wochenende zu planen und einzukaufen. Oder es stehen Gäste ins Haus, mit denen Sie nicht gerechnet haben.
Meist ist der Eisschrank dann zwar nicht leer, doch nichts passt so recht zusammen oder ist in genügender Menge vorhanden. In so einem Fall helfe ich mir, indem ich einfach alles kunterbunt in Form eines Buffets aufstelle und zur Selbstbedienung auffordere: Warmes, Kaltes, Süsses, Salziges, Fleisch, Geflügel, Früchte, Gemüse, Salate – was man eben hat. Die Tageszeit spielt dann eigentlich keine Rolle. Es kann ein Brunch sein oder ein High Tea, der Zvieri und Znacht in einem ist.

Buffet-Allerlei

Schinkenrollen

Zutaten

Schinkentranchen
Schlagrahm
Geriebener Meerrettich
Als Variante: Eine Füllung aus Brot, Ei, Kräutern, Reibkäse und Sauer- oder Halbrahm

Wie's gemacht wird

Die klassischen Schinkenrollen werden nur mit einer Mischung aus sehr steif geschlagenem Rahm und Meerrettich gefüllt. Nicht gerade kalorienarm, aber eine Delikatesse.
Wenn ich die Schinkentranchen mit der Brotmischung fülle, werden sie noch mit Käsestückchen belegt und überbacken.

Mit Thonschaum gefüllte Tomaten

Zutaten

Schnittfeste Tomaten
Thon aus der Dose
1 geschälte, ganze Zitrone
1 geschlagenes Eiweiss

Wie's gemacht wird

Den Tomaten einen Deckel wegschneiden und sie mit einem Löffel aushöhlen. Die Tomaten innen leicht salzen und eine halbe Stunde umgekehrt abtropfen lassen. (Den Saft und das Mark für eine Gemüsesuppe oder Spaghettisauce aufheben.)
Unterdessen mit dem Mixstab den Thon und das Fleisch der Zitrone pürieren. Mit Pfeffer und evtl. Curry würzen. Das geschlagene Eiweiss darunterziehen und die Tomaten damit füllen. Mit Basilikum garniert auf Salatblättern anrichten.

Brot- oder Canapé-Aufstriche

Auf der Basis von Doppelrahm-Frischkäse wie zum Beispiel Petit Suisse und/oder Butter lassen sich Brotaufstriche in den verschiedensten Varianten zusammenstellen. Ich gebe hier lediglich ein paar Anregungen. Ihnen fallen sicher noch viele andere wohlschmeckende Kombinationen ein. Am liebsten esse ich diese Aufstriche auf getoastetem Vollkornbrot; aber auch Crackers, die man vielleicht im Vorrat hat, eignen sich dazu. Zum Beispiel:

Thonbutter

Zutaten

1 Dose Thon
ca. 200 g Butter
3–4 zerdrückte Sardellenfilets
Zitronensaft
Sherry oder Cognac

Wie's gemacht wird

Den Thon mit einer Gabel fein zerdrücken und mit der weichen Butter gut vermischen. Mit den Sardellenfilets, dem Zitronensaft, einem Schuss Sherry oder Cognac, Pfeffer und Streuwürze abrunden.
Wem die Handarbeit zu mühsam ist, der kann's mit dem Mixstab versuchen. Man muss dann allerdings etwas mehr Zitronensaft oder Sherry hinzufügen und sehr weiche Butter verwenden.

Ein paar weitere Kombinationen

- gehackte, schwarze Oliven, gehackte, geröstete Nüsse oder Sesamkörner, eventuell ganz wenig Knoblauch
- zerdrückte Banane, Zitronensaft, Pfeffer, Curry
- frischgeriebener Meerrettich
- Paprika, Tomatenpüree, Dill
- geriebener Parmesan, Kümmel, ein wenig Weisswein

Was bei den Dips auf der nächsten Seite gesagt wird, gilt auch hier: Nicht überwürzen und vor allem darauf achten, dass sich die verschiedenen Aromen ergänzen und nicht totschlagen.
Man kann diese Aufstriche in Schälchen oder Töpfchen aufstellen oder, wenn sie genügend Butter enthalten, daraus Rollen formen, die man in Klarsichtfolien im Kühlschrank fest werden lässt. Wer gerne etwas herumspielt, kann die Rollen später in gehackten Kräutern, Sesamkörnern, Paprika usw. wälzen und dann in Rädchen schneiden.

Getreidesalate

Reissalat kennen sicher alle. Weniger bekannt ist, dass sämtliche anderen Getreidesorten wie Gerste, Hirse, Weizen, Buchweizen usw., mit einer nicht zu sauren Salatsauce und Kräutern angemacht, ausgezeichnet schmecken.

Gefüllte Eier

Zutaten

6 hartgekochte Eier
1 EL weiche Butter
½ Becher Sauerrahm oder M-Dessert (s. S. 61)
1 EL Senf
1 kleine zerdrückte Knoblauchzehe
Streuwürze, Pfeffer, evtl. Curry
Petersilie oder Schnittlauch (zum Garnieren)

Wie's gemacht wird

Die Eier halbieren und das Eigelb sorgfältig herausdrücken. Mit übrigen Zutaten vermischen und so lange rühren, bis eine gleichmässige Paste daraus geworden ist. Diese mit einem Löffel oder dem Spritzsack in die Eihälften füllen und mit dem Grünzeug garnieren.

Karottensalat mit Yoghurt

Zutaten

500 g zarte Karotten
1–2 säuerliche Äpfel
1 Becher Yoghurt
Saft einer Zitrone und einer halben Orange
1 EL Honig
eine Handvoll gehackte, geröstete Nüsse
Pfeffer und Salz
Die Karotten und Äpfel auf der Bircherraffel reiben. Mit den übrigen Zutaten gut vermengen und etwa eine Viertelstunde durchziehen lassen.

Kohlsalat auf württembergische Art

(für jede Art von Kohl oder Wirsing geeignet)

Die Kohlköpfe vierteln und die harten Strünke und Rippen wegschneiden. Den Rest fein hobeln oder mit einem scharfen Messer fein schneiden. Salzen und eine kleine Tasse heisses Wasser dazugiessen. Von Hand tüchtig durchkneten und drei bis vier Stunden zugedeckt stehen lassen.
Etwas ausdrücken und nur noch wenig Öl und guten Weinessig dazugeben. Mit Pfeffer und eventuell etwas Streuwürze abschmekken.

Dips und Salate

Dips

Dips sind kalte Saucen auf einer Quark- oder Mayonnaise-Basis. Man reicht sie in Schälchen, in die man rohe, in Stengel geschnittene Gemüse tunkt. Je nach Zutaten und Gewürzen erhält jeder Dip seine eigene Geschmacksrichtung. Die Hauptzutaten der vier Dips auf dem Foto sind Kräuter, Paprika, Curry, Avocado.
Seit es Halbrahm-Quark zu kaufen gibt, verwende ich für meine Dips meistens diesen. Ein Mayonnaise-Rest wird leichter und luftiger, indem man ein wenig Nature-Yoghurt oder Sauermilch darunterschwingt. Magerquark verfeinere ich mit einem Esslöffel Olivenöl und Sauerrahm.
Neben frischgehackten Kräutern passt Knoblauch praktisch in jeden Dip. Man sollte sich aber davor hüten, gleich jede Mischung damit zu würzen. Sonst schmecken – trotz aller Farbunterschiede – die Dips am Ende alle gleich. Auch Kräuter darf man nicht wahllos durcheinander mischen. Sowohl das zarte Dillaroma wie der heftige Geschmack des Basilikums passen ausgezeichnet in einen Paprika-Tomatenpüree-Dip. Doch beides zusammen ergäbe eine kulinarische Kakophonie.
Der weiss-grüne Kräuterdip ist nur mit Knoblauch, Schnittlauch, Petersilie und ganz wenig Thymian gemischt. Zitronensaft darf man fast überall hineinrühren. Das gibt Frische, ohne die anderen Aromen zu überdecken. Wer's richtig scharf mag, würze mit Cayenne, Tabasco oder zerriebenen, getrockneten Pfefferschötchen.

Eisberg-Salat

Einen Eisbergkopf mit dem Messer halbieren und etwas lockern. Mit einer Mischung aus Hüttenkäse, Zitronensaft, Salz, Pfeffer und Curry füllen. Grapefruitschnitze sorgfältig schälen und dazwischenstecken.

Sellerie-Salat

Selleriewürfel in Essigwasser halbweich kochen. Noch lauwarm mit einer Sauce aus Öl, Senf, gutem Essig und viel frischem Dill sorgfältig mischen. Mindestens eine Stunde durchziehen lassen.

Zucchetti-Karotten-Salat

Zarte, rohe Zucchetti- und Karottenscheiben in einer gut gewürzten Salatsauce ziehen lassen und mit Petersilie bestreuen.

Huhn-Salat mit frischer Minze und Zitrone

Ein gebratenes Huhn (oder übriggebliebene Reste) in Stücke zerteilen und die Haut abziehen. Das Fleisch in Streifen schneiden, mit Zitronensaft und Öl beträufeln und gehackte, frische Pfefferminzblätter und dünne Zitronenscheiben daruntermischen.

Spaghetti-Salat

Kalte, al dente gekochte Spaghetti mit Olivenöl, einem Schuss Weinessig, Knoblauch und Basilikumblättern sorgfältig mischen. Ich habe diesen Spaghetti-Salat auf der Maturreise in Florenz als Vorspeise kennengelernt: Meine anfängliche Skepsis schlug sehr bald in Begeisterung um. Seither serviere ich so zubereitete Spaghetti im Sommer oft als Hauptgericht. Mit einer grossen Schüssel Salat natürlich.

Keine Angst vor Terrinen!

Entgegen landläufiger Meinung sind Terrinen einfach zu machen. Man braucht dazu lediglich etwas Geschirr, das wieder gespült werden muss, einige Küchengeräte und ein wenig Zeit. Aber sonst: keine Kunst!

Leberterrine

(grosse Form oben)

Zutaten

1 kg feingehackte Rindsleber
500 g Kalbsbrät
2–3 eingeweichte, zerdrückte Semmeln
2–3 feingehackte Zwiebeln
1 Bund gehackte Petersilie
Lorbeer, Thymian, Salz, Pfeffer, Streuwürze, Knoblauch
1 kleines Glas Rotwein
50–100 g Frühstücksspeck (fakultativ)
1–2 Beutel Sulzpulver

Wie's gemacht wird

Alle Zutaten sehr gut miteinander vermengen und nach Belieben würzen. Die Masse in eine eventuell mit Speck ausgelegte Terrine streichen. Durch mehrmaliges Rütteln die Form ganz satt füllen. In ein Wasserbad stellen und ca. 2 Stunden ziehen lassen. Wenn das austretende Fett ganz klar ist, ist die Terrine fertig. Das Fett wird abgegossen. Zum Auskühlen das Fleisch mit einem schmalen Brettchen und einem schweren Gegenstand beschweren. Am besten über Nacht stehen lassen. Anderntags die Hohlräume mit Sülze ausgiessen. Ich nehme in der Regel etwas weniger Flüssigkeit, als auf der Sulzanleitung angegeben ist, und mische etwas Sherry oder Zitronensaft dazu.

Rustikale Terrine

(Form links und kleine Förmchen)

Diese Terrine mit der grünweissen Schicht in der Mitte wird im Prinzip genau gleich gemacht. Statt Leber verwende ich Hackfleisch, die mittlere Schicht besteht aus einer Mischung von eingeweichtem Semmelbrot und Brät, sehr viel gehackten Kräutern und ein bis zwei steifgeschlagenen Eiweiss. Beim Einfüllen grenze ich manchmal die Schichten mit einigen Salat- oder Krautstielblättern nach unten und oben ab. Das sieht beim Aufschneiden hübsch aus, hat aber den Nachteil, dass die Tranchen an dieser Stelle leicht auseinanderbrechen.

Fischterrine

(Form rechts)

Eine Fischterrine zu machen, ist das Allereinfachste: Etwa 1 kg Fischfilets (frisch oder aufgetaut) mit dem Saft von zwei Zitronen und zwei Esslöffeln Sherry mit dem Mixstab pürieren. 1 bis 2 dl Sauerrahm, zwei Eigelb und eine eingeweichte, ausgedrückte Semmel daruntermischen. Würzen.
Bei einer Fischterrine reicht es, wenn sie ca. 1 Stunde im Wasserbad zieht. Die abgebildete Terrine wurde vor dem Sülzen noch mit Karottenstreifen und Estragonblättern garniert.

Suppen sind vielseitig

Suppen haben ganz verschiedene Funktionen. Sie können den kleinen Hunger, aber auch den Kohldampf stillen. Sie können Auftakt zu einem grossen oder kleinen Menü sein. Sie können, als substantielle Vorspeise, ein Essen strecken helfen, das plötzlich für mehr Tischgenossen reichen muss, als ursprünglich geplant. Und last but not least: sie können heiss oder kalt serviert werden.
Suppen sind ideale Restengerichte und lassen sich auf unzählige Arten variieren. Die Rezepte auf den nächsten Seiten geben ein paar Anregungen.

Ungarische Bohnensuppe mit Nockerln

Zutaten

1 Pfund grüne Bohnen, gerüstet und in Stücke geschnitten
2–3 Tomaten, in kleine Würfel geschnitten
1,5 l Fleisch- oder Gemüsebouillon
Zwiebeln, Knoblauch, Lorbeer, Pfeffer, Paprika
Teig für die Nockerln:
150 g Mehl
(evtl. Voll- und Weissmehl gemischt)
1,5 dl Wasser
2 Eier, Salz, Muskat

Wie's gemacht wird

Zuerst den Teig zusammenrühren und zugedeckt beiseite stellen.
Bohnen und Zwiebeln in Öl oder Butter andämpfen, während einer halben Minute einen Esslöffel süssen Paprika (nicht Rosenpaprika, der ist sehr scharf) miträsten. Dann die Tomaten einen Moment mitschmoren und die Brühe dazugiessen, den Knoblauch hineindrükken und gut würzen, eventuell mit einem Bouillonwürfel, wenn die Brühe zuwenig kräftig ist.
Leise köcheln lassen, bis die Bohnen weich sind, aber noch Biss haben. Dann die Nokkerln hineinschaben und ziehen lassen, bis sie an die Oberfläche kommen.
Diese dicke, nahrhafte Bauernsuppe ist zusammen mit Brot und einem Salatteller eine ganze Mahlzeit.

Schtschi

Schtschi ist eine russische Kohlsuppe auf der Basis von Siedfleischbrühe. Ich koche sie manchmal auch mit nicht zu saurem Sauerkraut.

Zutaten

Siedfleischbrühe und Fleischreste
1 mittlerer Kohlkopf oder Wirsing
1 kleine Sellerieknolle
Zwiebeln
Tomaten
evtl. Petersilienwurzel

Wie's gemacht wird

Feingeschnittener Kohl oder Wirsing wird mit Zwiebeln angedämpft, dann kommen Selleriewürfel dazu und etwas Petersilienwurzel. Mit Brühe ablöschen und etwa zehn Minuten köcheln lassen. Die gewürfelten Tomaten ein paar Minuten mitkochen lassen, das kleingeschnittene Restenfleisch dazugeben und weiterkochen, bis das Fleisch heiss ist. Vor dem Servieren mit frischgemahlenem Pfeffer abschmecken.

Frische Tomatensuppe

Diese Suppe mache ich immer dann, wenn die frischen Tomaten in solcher Fülle vorhanden sind, dass sie manchmal lastwagenweise auf Müllhalden gekippt werden, um zu verhindern, dass die Preise allzu tief fallen.

Zutaten

1 kg Tomaten – oder mehr
1 grosse Zwiebel
1 Becher Sauer- oder Halbrahm oder M-Dessert (s. S. 61)
evtl. 1–2 Eigelb
1 Prise Zucker
1 Prise Zimt
Salz oder Bouillonwürfel, Pfeffer
Basilikum oder Petersilie und Schnittlauch

Wie's gemacht wird

Tomaten und Zwiebel grob schneiden und mit dem Stabmixer pürieren. Aufkochen und würzen. Mit dem Eigelb verfeinern: In einem Schüsselchen das Eigelb mit einem Löffel heisser Suppe schlagen. Dann die Mischung in die Suppe zurückleeren und nochmals gut durchschlagen.
Bei Tisch schöpft sich jeder einen Löffel Sauerrahm auf die Suppe und streut die gehackten Kräuter darüber. Gut passen auch geröstete Brotwürfel dazu.
NB
Weil die Tomaten mit der Haut püriert werden, wird die Suppe etwas säuerlich. Deshalb ist die Prise Zucker sehr wichtig. Sie gehört auch in jede Tomatensauce. Die Prise Zimt gibt einen kleinen exotischen Hauch, darf aber kaum wahrgenommen werden.

Frühlingskräutersuppe

Die typischen Frühlingskräuter sind Sauerampfer, Brennessel und Leimkraut.
Man hackt davon, soviel man will – oder findet – mindestens eine kleine Handvoll pro Person. In Butter (nicht in Öl oder Fett!) dämpfen und mit Brühe ablöschen. Während 5 Minuten köcheln lassen. Einen Becher sauren Halbrahm oder M-Dessert (s. S. 61) hineinrühren und mit 2 Eigelb verfeinern (siehe Rezept Tomatensuppe).
Statt der wilden Kräuter kann man auch zarten Spinat verwenden – oder alles zusammen.

Yoghurt-Kaltschale (Zaziki)

Eine Gurke waschen und ungeschält auf der Bircherraffel reiben. Ein wenig salzen und nach einer halben Stunde den Saft ausdrükken (nicht wegschütten, sondern trinken!). Das Gurkenmus mit einem Becher Yoghurt pro Person vermischen, mit Pfeffer und ausgepressten Knoblauchzehen würzen.
Würzvarianten sind Kümmel, Paprika, Curry, Dill, Zitronensaft.

Gazpacho

Gazpacho kommt aus dem warmen Andalusien und ist eine erfrischende, kühle Vorspeise, ein typisches Gericht, das nach dem Man-nehme-was-man-hat-Prinzip zusammengestellt wird.

Die klassischen Zutaten sind folgende Gemüse:

Tomaten, Zucchetti, Gurken, Zwiebeln, Peperoni, Knoblauch
(Man kann sie nach Lust und Laune kombinieren oder einzelne weglassen.)

Weiter braucht es:

Essig
Eiswasser
eingeweichtes Brot/Paniermehl
geröstete Brotwürfel
gehackte Kräuter

Wie's gemacht wird

Das grobgeschnittene Gemüse mit einem halben Glas gutem Essig im Mixer pürieren. Das eingeweichte Brot hineinarbeiten und gut würzen. Mit kaltem Wasser verdünnen, bis die gewünschte Konsistenz erreicht ist. Sie darf je nach Geschmack halbflüssig bis breiig sein.
In Portionenschalen mindestens eine Stunde lang kalt stellen. Man reicht dazu in separaten Schälchen noch rohe, kleingeschnittene Gemüse, zum Beispiel Stangensellerie, Peperoni, Gurken, eventuell Schinkenwürfel und gehackte Kräuter.

Après . . .

Nicht gleich in alle Winde zerstieben

Es ist für mich ein ganz besonderer Genuss, nach einem Kino-, Theater- oder Konzertbesuch mit guten Freunden und Bekannten noch gemütlich zusammenzusitzen und zu diskutieren.
Leider aber wird man in vielen Restaurants höchst ungnädig empfangen, wenn man erst nach elf Uhr abends und «nur auf ein Glas» kommt. Das tötet jede gute Stimmung, und man ist verärgert. Da hilft nur eines: jemand serviert «das Glas» bei sich zu Hause und vielleicht noch eine Kleinigkeit zum Essen dazu. Irgend jemand ist sicher hungrig. Und wenn's dann gut duftet, halten die anderen gerne mit.
Die paar Rezepte auf den nächsten Seiten zeigen, wie man aus wenigen, anspruchslosen Zutaten schnell einen schmackhaften Imbiss zaubern kann.

Late Snacks

Der amerikanische Ausdruck Late Snack trifft die Sache ganz genau: Es ist schon spät, zu spät für eine richtige Mahlzeit – und doch haben alle ein wenig Hunger. Eben Hunger auf einen Snack. Die beiden hier beschriebenen kleinen Imbisse brauchen keine speziellen Zutaten. Brot, Eier, Milch, Spaghetti, Knoblauch, Gewürz und Olivenöl hat man ja wirklich fast immer im Haus.

Käseschnitten

Die Käseschnitten auf Seite 34/35 sind aus lauter verschiedenen Brot- und Käseresten gemacht. Der Käse wird auf der Bircher- oder Röstiraffel gerieben (eine Arbeit für starke Männerhände) und etwa je 100 g mit einem ganzen Ei, zerquetschtem Knoblauch, Pfeffer und Muskat zu einer dicken Paste vermischt. Die ganz kurz in Milch oder Weisswein getauchten Brotschnitten mit der Käsepaste dick bestreichen und im Ofen knusprig backen.

Gebackene Eier

Pro Person ein Stück Toast, es braucht nicht unbedingt Toastbrot zu sein, noch warm mit Butter bestreichen. In einer feuerfesten Form oder in Eierpfännchen nebeneinanderlegen und mit warmer, mit Salz und Muskat gewürzter Milch vollsaugen lassen. In jedes Brot eine kleine Delle machen. Auf der Herdplatte gut erhitzen und auf jede Schnitte sorgfältig ein Ei schlagen. Unter dem Grill oder in der zugedeckten Bratpfanne stocken lassen. – Seien Sie bitte nicht enttäuscht, wenn die Eier nicht so schön ganz bleiben, wie auf unserem Foto. Es ist ein wenig Glückssache!

Spaghetti Aglio/Olio/Peperoncini

Die noch dampfenden Spaghetti mit Olivenöl beträufeln, in dem gehackte Knoblauchzehen zart gebräunt wurden. Zerstossene Pfefferschoten daruntermischen, servieren. Dazu braucht es nicht einmal Reibkäse, ist aber auch nicht verboten!

Getränke

Zum Après gehört etwas zum Trinken. Für den Sommer sind kühles Bier, Fruchtsäfte, gespritzter Weisswein usw. sicher die richtigen Getränke. Hier ein paar Vorschläge für die kühle Jahreszeit.

Die gute, alte Schokolade

– ein bisschen luxuriös zubereitet:

Zutaten

1 Liter halb Milch/halb Wasser
1 Tasse ganz starker Espresso
(evtl. Pulverkaffee)
2–3 gehäufte Esslöffel Kakaopulver
2–3 Esslöffel Zucker
1 Prise Vanillezucker
1 kleines Glas Cognac, Brandy oder Rum
1 Tasse Schlagrahm zum Garnieren

Wie's gemacht wird

Man vermischt den Kakao mit dem Zucker und rührt ihn mit wenig kaltem Wasser an. Diesen dünnen Brei giesst man unter Rühren mit dem Schwingbesen in die kochende Milch-Wasser-Espresso-Mischung und lässt sie unter stetem Schwingen noch ein bis zwei Minuten kochen. Mit Vanille würzen. Den Alkohol erst kurz vor dem Servieren dazugeben. Den Schlagrahm separat aufstellen.

Kaffee fertig

In der Schweiz kennt man vor allem den Kaffee Kirsch, den Kafiträsch oder den caffè corretto mit Grappa. Kaffee schmeckt aber auch mit Rum, Brandy oder Cognac ganz ausgezeichnet – vom Irish Coffee ganz abgesehen. Er wird eventuell mit Puderzucker gesüsst und kann auch noch mit einem Klacks Schlagrahm geschmückt werden.

In der letzten Zeit stelle ich fest, dass eine schöne, heisse Tasse Tee immer mehr Anhänger findet. Wenn Sie selber gerne Tee trinken, stellen Sie eine grosse Kanne davon auf – ich bin fast sicher, Sie werden ihn nicht alleine trinken müssen.

Der «Erzbischof» ist ein Glühwein

Glühwein ist ein echter Seelenwärmer und hat erst noch den Vorteil, dass er kaum Alkohol-Promille ins Blut bringt. Diese verflüchtigen sich beim Aufkochen.
Die Basis für einen Glühwein ist immer eine Flasche Roter. Er kann mit einem Schuss Rum parfümiert oder mit einer Tasse sehr starkem Schwarztee etwas herb gemacht werden. Zucker nimmt man soviel oder sowenig, wie man will. Gewürze können sein: Nelken, Zimt, Pfeffer, Ingwer, Zitronen- oder Orangenschale, Lorbeer.
Man kocht alles zusammen auf, giesst es durch ein Sieb und serviert den Wein möglichst heiss. (Gläser vorwärmen, damit sie nicht zerspringen, und zum Einschenken einen Löffel hineinstellen.)
Ist der Backofen gerade in Betrieb (für die Käseschnitten von Seite 36 zum Beispiel) oder strahlt im Cheminée eine schöne Glut, so ist das die beste Gelegenheit, einen «Erzbischof» zu machen:
Eine Orange wird mit etwa einem Dutzend Nelken besteckt. Man wickelt sie in eine doppelte Schicht Alufolie und lässt sie im Ofen oder in der Glut etwa 15 Minuten schmoren. Dann wird sie in grobe Stücke zerteilt und mit etwas Zucker und einer Flasche Wein aufgekocht. Absieben und heiss trinken.

V.S.O.P

Kohl – der Arzt des armen Mannes

Kohl galt früher als Armeleute-Nahrung und wurde von denen verachtet, die sich etwas anderes leisten konnten. Zugleich aber nannte man ihn auch den Arzt des armen Mannes. Nicht zu Unrecht, enthält er doch zum Beispiel mehr Vitamin C als Zitrusfrüchte, und wenn er richtig gewürzt ist, braucht er überhaupt nicht schwer aufzuliegen.
Heute ist der Kohl auf dem besten Weg, sich den Durchbruch in die gehobene Bevölkerungsschicht zu verschaffen: Unter dem Titel «The Rolling Kohls» kam nämlich eine internationale Restaurant-Kette auf die Idee, ihren Gästen dieses Gemüse im Rahmen einer Spezialitäten-Aktion schmackhaft zu machen.

Gefülltes, gestürztes Kohlköpfchen

Das Bild auf Seite 8 lässt es ahnen: Ein gefülltes Kohlköpfchen ist kein Schnellgericht. Man darf es nur in Angriff nehmen, wenn man genügend Zeit zur Verfügung und Lust auf Handarbeit hat.

Zutaten

1 Kohl- oder Wirsingkopf, in Blätter zerteilt
3–4 altbackene Semmeln oder anderes Brot
400 g Hackfleisch oder Brät
(oder von beidem je 200 g)
50–100 g Specktranchen
1–2 Eier
Zwiebeln, Knoblauch, Petersilie, Muskat, evtl. Reibkäse, etwas Milch zum Einweichen des Brotes

Vorbereitung

Die dicken Kohlrippen mit einem scharfen Messer flach schneiden, evtl. mit einer Schere ganz heraustrennen (Die Blätter später dann an den «offenen» Stellen übereinanderlegen) und in schwach gesalzenem Wasser halbweich kochen. Zum Abtropfen in ein Sieb legen, das Wasser aber nicht wegschütten.

Füllung

Zur Füllung eignen sich Brät, Hackfleisch und Brot gleicherweise. Man kann sich auf eine Sorte beschränken oder, je nach Angebot, alle drei in Schichten abwechselnd brauchen. Das Brät und das Hackfleisch mische ich immer mit etwas eingeweichtem Brot und einem Ei. Das Brot kleinschneiden, mit heisser Wasser/Milch-Mischung übergiessen und eine Viertelstunde zugedeckt stehen lassen. Dann etwas ausdrücken und fein zerstampfen.
In der Bratpfanne gehackte Zwiebeln mit viel Pfeffer anbraten. Ist Hackfleisch vorgesehen, das Fleisch mit den Zwiebeln noch weitere fünf Minuten braten. Mit zwei bis drei zerquetschten Knoblauchzehen, gehackter Petersilie, Streuwürze, Salz, Pfeffer und Muskat würzen.
Alles in einer Schüssel gut vermengen und die zerklopften Eier hineinarbeiten. Solche Füllungen sollen eine dickliche Konsistenz haben, nicht zu flüssig, aber auch nicht zu trokken.

Wie's gemacht wird

1. Art
Eine gebutterte, hohe Pudding- oder Timbalform mit Speckstreifen (fakultativ) und Kohlblättern sorgfältig auslegen. Darauf eine Schicht Füllung verteilen, abwechslungsweise mit Kohlblättern zudecken, bis die Form gefüllt ist. Mit dem Deckel gut verschliessen und im Wasserbad ca. eine Stunde leise kochen lassen.
Als Vorspeise sehen kleine Portionenköpfchen sehr hübsch aus. Man macht sie genau gleich wie das grosse Köpfchen, nur nimmt man statt der Timbalform gewöhnliche, tiefe Schüsselchen. Damit kein Wasser hineinsprudelt, werden sie gut mit Alufolie abgedeckt. Es genügt, sie während einer halben Stunde im Wasserbad ziehen zu lassen. Vor dem Stürzen lässt man sie etwas auskühlen und löst den Rand sorgfältig mit einem Messer.

2. Art
Eine Schüssel mit einer Serviette oder Windel auslegen. Die Kohlblätter und die Füllung wie oben beschrieben lagenweise einfüllen. Am Schluss die Enden zu einer Schlinge verknoten, einen Kochlöffel durchstecken, in einen tiefen Kochtopf hängen und im beiseite gestellten Wellwasser etwa eine Stunde ziehen lassen. Nach dem Herausheben abtropfen lassen. Die Serviette sorgfältig lösen und den Kopf auf einer Platte anrichten.

Krautwickel

Ein Rezept für Krautwickel finden Sie auf Seite 18.

Zucchetti-Schwemme

Wer einen Garten hat, in dem Zucchetti gedeihen, kennt das Problem: Im August wachsen sie einem fast um die Ohren, man hört sie wachsen. Man kann ihnen förmlich dabei zuschauen. So viele man auch Freunden und Nachbarn verschenkt – es bleiben immer noch mehr als genug. Um dem Segen Herr zu werden, schlage ich Ihnen auf den nächsten Seiten ein paar weniger bekannte Zucchetti-Gerichte vor. Hier sind sie abgebildet:

Marinierte Zucchetti
Zucchetti-Mousse
Zucchetti mit Pfefferminze
Zucchetti-Salat à la Provençale

Zucchetti

Zucchetti-Mousse

Für dieses Gericht kann man sehr gut jene riesengrossen Zucchetti-Gebilde verwenden, die einem gewissermassen davongaloppiert sind – oder die man vom Nachbar geschenkt bekommen hat.

Wie's gemacht wird

Zucchettischeiben im Dampfgitter fast weich kochen und anschliessend im Mixer mit etwas Zitronensaft pürieren. Gut würzen, zum Beispiel mit gekörnter, vegetabiler Gemüsebouillon und viel frisch gemahlenem Pfeffer.
Wenn die Masse etwas ausgekühlt ist, mit ½ Eigelb pro Person, Rahm, Halbrahm und Sauermilch oder M-Dessert (s. S. 61) verfeinern. Die Mousse kann warm, lauwarm oder kalt als Vorspeise gegessen werden.

Marinierte Zucchetti

Ich verwende dazu Zucchetti, deren Durchmesser nicht grösser ist als ca. 4 cm. Wenn sie sauber und trocken sind und im Garten kein Gift verspritzt wurde, braucht man sie nicht zu waschen und natürlich auch nicht zu schälen.

Wie's gemacht wird

Ca. 1 cm dicke Scheiben in leicht gesalzenem Essigwasser nicht ganz weich kochen. Abtropfen lassen und mit einem Tuch trocknen. In Deckelgläser schichten, dazwischen einige Pfefferkörner, Lorbeerblätter und Knoblauchzehen legen.
Ein Döschen Sardellenfilets im Mixer mit Olivenöl pürieren und darübergiessen, bis alles schön mit dieser Marinade bedeckt ist. Drei Tage an einem kühlen Ort – nicht im Kühlschrank – stehen lassen. Dann sind die Zucchettischeiben essbereit und schmecken zu Pellkartoffeln, Siedfleisch oder einfach als Vorspeise-Plättchen ausgezeichnet.

Zucchetti-Salat à la Provençale

Zutaten

Zucchetti, Tomaten, Knoblauch, evtl. Zwiebeln, Olivenöl, Essig

Wie's gemacht wird

Zucchetti in Stäbchen oder Scheiben schneiden. Auf ein Pfund Zucchetti zwei bis drei Tomaten in dicke Schnitze schneiden und ein paar Knoblauchzehen schälen. Alles zusammen in Olivenöl bei ziemlich starker Hitze rasch und unter sorgsamem Wenden braten. Salz, Pfeffer und eine gute Prise Zucker beigeben und mit einem kleinen Glas Essig ablöschen. In einer Schüssel auskühlen lassen.
Dieser Salat kann kalt oder lauwarm gegessen werden. Variante: Zwiebelringe und ein paar entsteinte, schwarze Oliven mitbraten.

Zucchetti mit Pfefferminze

Dieses Gericht hat meine Journalisten-Kollegin Rosmarie kreiert. Eigentlich ist es ein Gratin. Es erscheint aber nicht im Gratin-, sondern im Zucchetti-Kapitel; denn das Ungewöhnliche daran ist nicht, dass Zucchetti überbacken werden, sondern dass man sie mit frischer Pfefferminze kombiniert.

Zutaten

ca. 1 kg Zucchetti
1 grosser Bund frische Minze
4 grosse Zwiebeln
Bouillon und etwas Weisswein
Reibkäse, evtl. Brösel

Wie's gemacht wird

Die Zucchetti und die Zwiebeln fein schneiden, die Minze grob hacken. Alles sanft vermischen, mit Salz und Pfeffer würzen und in eine feuerfeste, gebutterte Form füllen. Je ein halbes Glas Bouillon und Weisswein dazugiessen, zudecken und auf dem Herd etwas vorkochen. Dann mit Reibkäse, Butterflöckchen und eventuell Bröseln bestreuen und anschliessend im Backofen fertig backen.
Dieses Gericht eignet sich sehr gut als leichte Vorspeise, zusammen mit Reis oder Kartoffeln, aber auch als Hauptmahlzeit.

Gebackenes Zucchettimark

Vielleicht bekommen Sie einmal eine richtige, grosse Zucchettikeule geschenkt, bei der das Mark und die Kerne schon sehr ausgeprägt sind. Anstatt das einfach aus der halbierten Frucht mit dem Löffel herauszulösen, schneiden Sie etwa zwei Zentimeter dicke Scheiben. Das Mark mitsamt den Kernen lässt sich dann leicht herausdrücken. Man erhält dicke, kleeblattförmige «Guetzli» («Kekse»), die man in einen dicken Bierteig tauchen und in heissem Öl ausbacken kann. Noch heiss mit kühlem Knoblauch-Pfefferminz-Yoghurt gegessen, schmecken sie ganz köstlich.
Vom Rest der Zucchetti macht man am besten eine Mousse.

Gratins – Symbol der Gastfreundschaft

Ich habe es Dutzende von Malen erlebt: Wer einen dampfenden würzig-duftenden Gratin mit goldbrauner Kruste auf den Tisch stellt, dem ist der Beifall der Tafelrunde gewiss. Ein Gratin ist ein Sinnenschmaus und vermittelt sofort ein Gefühl des Umsorgtwerdens – Symbol der Gastfreundschaft.

Es gibt praktisch nichts, was so in Küche, Keller und Eisschrank übrig bleibt, das sich nicht mit ein paar neuen Zutaten in ein appetitliches, schmackhaftes Gericht verwandeln liesse: Reis, Teigwaren, Kartoffeln, Gemüse, Fleisch, Fisch, Schinken, Pilze usw. Es braucht dazu noch etwas Rahm oder Milch, Ei, Käse, eventuell ein wenig Béchamel oder Hollandaise und natürlich Gewürze. Vor allem Pfeffer, Muskat, Knoblauch, Lorbeer und Kräuter.

Wie's gemacht wird, weiss jedes Kind: In eine flache, feuerfeste, gefettete Form schichtet man die passenden Zutaten, schüttet einen Guss drüber (oder auch nicht), überstreut das Ganze mit Käse und Butterflöckchen und übergibt es der Hitze des Backofens.

Bis vor kurzem tat man das noch recht unbekümmert. Heute ist uns bewusst, dass der Backofen recht viel Energie braucht und deshalb nicht leichtsinnig benützt werden sollte, zum Beispiel, um Teller zu wärmen oder zwei Hörnchen (Gipfeli) aufzubacken. Wenn immer möglich lasse ich einen Gratin zuerst auf der kleinsten Stufe der Herdplatte (beim Gasherd mit Untersetzer oder im Wasserbad) durch und durch heiss und den Guss fest werden. Dann erst kommt die Sache noch kurz unter den Grill oder die Oberhitze, bis sich eine Kruste gebildet hat.

Gratins

Chicorée-Gratin

Halbierte Chicorée-Stangen im Salzwasser oder Dampf etwas vorkochen.
Den Boden einer ausgebutterten Gratin-Form mit Tomatenscheiben belegen und mit einigen Tropfen Olivenöl, Salz, Pfeffer und Knoblauch würzen. Die Chicorée-Stangen darüberschichten und in die Lücken etwas gehackten Schinken streuen. Das Ganze nochmals mit Olivenöl beträufeln und Reibkäse darüberstreuen. Auf dem Herd heiss werden lassen und überbacken, wie in der Einleitung beschrieben. Gelegentlich mit Bouillon beträufeln, damit der Chicorée nicht austrocknet.

Gratin mille légumes

Aus verschiedenen Gemüsesorten, die für sich allein kein eigenes Gericht mehr ergeben, kann man einen gemischten Gemüse-Gratin machen.
Die einzelnen Gemüse je nach Garzeit etwas vorkochen. In einer gebutterten Form schön arrangieren und mit ganz wenig Béchamelsauce überziehen.
Für solche Fälle habe ich einen Beutel oder eine Tube «Weisse Sauce» bei der Hand. Damit kann man die kleine Menge Sauce, die man benötigt, mit einem Rest Bouillon oder mit dem Gemüsewasser in kurzer Zeit zubereiten. Etwas frische Muskatnuss hineinreiben, Reibkäse und eventuell ein übriggebliebenes Eiweiss steif schlagen und darunterziehen.

Fisch-Gratin

(siehe Bild Seite 49)

Zutaten

Fischfilets, frisch oder aufgetaut
gekochte Kartoffeln (fakultativ)
Salz, Pfeffer, Zitronensaft
1 Tasse Béchamelsauce

Wie's gemacht wird

Werden Kartoffeln verwendet, so kommt zuunterst in die Gratinform eine Lage Kartoffelscheiben, dann eine Lage Fisch, dann wieder Kartoffeln und zuoberst eine Lage Fisch. Die Kartoffeln jeweils mit einigen Butterflöckchen bestreuen, die Fischfilets mit Salz, Pfeffer und Zitronensaft würzen. Zuletzt die Béchamelsauce darüber verteilen und den Gratin im Ofen backen.
Bei diesem Gratin ist das Erhitzen auf der Herdplatte nicht gut möglich, weil sonst die Kartoffeln eventuell anbrennen.

Zucchetti-Hackfleisch-Gratin

Zutaten

ca. 800 Zucchetti
300–500 g Hackfleisch
Zwiebeln, Knoblauch, Liebstöckel, Petersilie, grober Pfeffer

für den Guss:

2 Eier
½ Liter Milch und Sauerrahm
1 TL Maispuder
Reibkäse

Wie's gemacht wird

Das Hackfleisch und die in Scheiben geschnittenen Zucchetti separat mit Zwiebeln anbraten und gut würzen. Alles zusammenmischen, in eine Gratinform füllen und mit dem Guss bedecken. Ein paar Butterflöckchen und zusätzlich noch eine Handvoll Reibkäse darüberstreuen. Auf der Platte vorheizen und im Backofen überbacken.

Blätterteig-Variationen

Aus einem Paket Blätterteig lassen sich beliebig viele knusprige Leckereien machen: süsse, salzige, heisse, kalte, billige, teure, schnelle und aufwendige. Der Phantasie sind keine Grenzen gesetzt.
Die hier abgebildeten sind nur eine kleine Auswahl und als Anregung gedacht.

Unten links	**Krapfen mit verschiedener Füllung**
Oben Mitte	**Früchtekuchen «Tuttifrutti»**
Unten rechts	**Blätterteig garniert**

Wie's gemacht wird, lesen Sie auf den nächsten Seiten.

Gefüllte Blätterteig-Krapfen

Vorbereitung

1. Füllung

Verschiedene, kleingeschnittene Gemüse mit Zwiebeln und eventuell Knoblauch andämpfen. Auskühlen lassen und mit etwas Quark vermischen.

2. Füllung

Gehackte Pilze mit Zwiebeln und Petersilie kurz andämpfen. Ausgekühlt mit einem Ei oder einem Rest Eiweiss und ganz wenig Paniermehl vermischen.

3. Füllung

Crevetten eventuell etwas zerkleinern. Krautstielblätter hacken und andämpfen, mit etwas Cayenne würzen. Die Crevetten ein paar Minuten mitdünsten.
(Anstelle von Krautstielblättern kann man auch Spinat oder Chinakohl verwenden).

4. Füllung

Hackfleisch mit viel Zwiebeln und Kräutern anbraten. Eventuell mit Paprika oder Curry würzen. Zu Curry passen eine Handvoll Rosinen und eine zerquetschte Knoblauchzehe. Auch ein kleiner Reisrest kann noch dazugemischt werden.

5. Füllung – beim Schreiben eingefallen

Einen Rest Ratatouille vom Vortag im Sieb abtropfen lassen, einen Esslöffel Brösel dazu mischen und etwas Reibkäse.
Das ist keine abschliessende Aufzählung. Ihnen werden sicher noch weitere Füllungen einfallen.
Scheint Ihnen eine Mischung zu trocken, kann sie mit etwas Sauerrahm angefeuchtet werden. Die Füllungen sollten aber nur so nass sein, dass sich kleine Häufchen daraus machen lassen, die auf den Teigstücken nicht zerlaufen.

Wie's gemacht wird

Den Blätterteig ca. 3 mm dick auswallen und runde Stücke von 10 bis 11 cm Durchmesser ausstechen. Etwas neben die Mitte je ein kleines Häufchen Füllung plazieren. Die Ränder mit etwas Eiweiss oder Wasser bestreichen und gut zusammenkleben. Achten Sie darauf, dass von der Füllung nichts an den Rand gerät, weil die Krapfen sich beim Backen sonst öffnen. Die Küchlein mit Eigelb bestreichen und hellbraun backen.

Früchtekuchen «Tuttifrutti»

In meiner Früchteschale bleiben nicht selten ein paar Stücke übrig, die nicht mehr so knakkig frisch sind, dass man gerne einfach dreinbeisst. Statt zu warten, bis sie wirklich nicht mehr essbar sind, mache ich daraus einen kleinen, gemischten Kuchen.

Wie's gemacht wird:

Auf den Teigboden streue ich geriebene Nüsse, Amaretti- oder Kuchenbrösel. Darauf kommen, in Kreisen angeordnet, die verschiedenen Früchte, wie Äpfel, Zwetschgen, Birnen, Bananen- oder Kiwischeibchen, ein Rest abgetropfte Kompottkirschen usw. Die Frage ob Guss oder kein Guss, entscheide ich nach Lust und Laune. Wenn Sie den Kuchen ohne Guss backen, ist es wichtig, dass er wirklich dicht mit Früchten belegt wird. Vor dem Bakken ein paar Butterflöckchen darüber verteilen.

Werden Früchte mit wenig Eigengeschmack, wie Birnen und Bananen, verwendet, kann man etwas Zitronensaft und abgeriebene Zitronenschale dazugeben und noch ein wenig Zucker draufstreuen.

Blätterteig-Sturm oder Blätterteig garniert

Das ist so einfach, dass man es schon mit Kindergarten-Kindern machen kann: Teig auswallen, mit Kümmel, Salz, oder Butterflöckchen bestreuen und knusprig backen.

Speziell würzige Variante: Den Teig mehrmals auswallen und zusammenlegen. Dabei jedesmal eine dünne Schicht Reibkäse hineinarbeiten. Den so präparierten Teig kann man auch für die gefüllten Krapfen verwenden.

Nicht nur Kinder lieben Desserts

Grossmutters Griessköpfchen

Zutaten

¾ Liter Milch
10 g Butter
90 g Griess
30 g Zucker
eine Handvoll Sultaninen
1 Ei, getrennt in Eigelb und Eiweiss (geschlagen)
evtl. abgeriebene Zitronenschale

Die Milch mit einer Prise Salz aufkochen, zuckern und den Griess einlaufen lassen. Gut umrühren, damit sich keine Klumpen bilden. Etwa 1 Minute kochen lassen, dann vom Feuer nehmen und eventuell die Zitronenschale beigeben, unter Rühren etwas erkalten lassen. Das Eigelb einrühren, nachher den Eischnee sorgfältig darunterheben. In eine kalt ausgespülte Schüssel oder Puddingform giessen und kalt stellen. Zu einem Griessköpfchen passt am besten ein Sauerkirschen- oder Weichselkompott.

Äpfel und Birnen sind zu Unrecht von raffiniert-exotischen Früchten ein wenig von unserem Tisch verdrängt worden. Mit diesen zwei einfachen Rezepten möchte ich Sie animieren, diese Früchte als Dessert wieder einmal zu Ehren kommen zu lassen.

Backäpfel

Zutaten

Pro Person 1–2 säuerliche Äpfel
(keine Golden Delicious)
Gehackte Nüsse, Haselnüsse, Mandeln usw.
Sultaninen, ein Stück Zimtstengel
Zucker, Butterflöckchen
1 Glas Rotwein

Wie's gemacht wird

Die Äpfel so schälen, dass noch eine «Bauchbinde» dranbleibt – die schützt sie vor dem Zerfallen. Das Kerngehäuse ausstechen. Die Früchte in eine gebutterte Form stellen und die Höhlung mit Nüssen und Sultaninen füllen. Zuoberst ein wenig zuckern und Butterflöckchen draufsetzen. Irgendwo einen Zimtstengel dazwischenschieben, den Wein dazugiessen und im Ofen braten.
Ein besonders gutes Aroma erhalten die Backäpfel, wenn sie auf Orangenscheiben gebakken werden.

Birnen in Rotwein

Kleine, feste Birnen so schälen, dass der Stiel dranbleibt. Man kocht sie in Rotwein so lange, bis sie weich sind. Sie dürfen eigentlich nur ziehen, nicht wirklich kochen. Dann stellt man die Birnen beiseite und lässt den Wein noch weiterkochen, bis er etwa zur Hälfte verdampft ist. Die Birnen damit übergiessen und zimmerwarm servieren.
Gewürze für den Weinsud: Zucker oder Honig, 1 Nelke, 1 Lorbeerblatt, Ingwer, Zimt.

Süssmostcrème

(Falsche Zitronencrème)

Zutaten

½ Liter Süssmost
50 g Zucker
3 ganze Eier
1–2 gestrichene EL Maispuder
abgeriebene Zitronenschale
2–3 dl Schlagrahm

Wie's gemacht wird

Alle Zutaten ausser dem Rahm in einer Chromstahl- oder Emailpfanne zusammen verquirlen und unter stetem Schlagen mit dem Schwingbesen aufkochen. Wenn sich Blasen bilden, den Topf ein- bis zweimal vom Feuer ziehen und kräftig weiterschlagen. (Der Maispuder verhindert das Gerinnen, muss aber wirklich aufgekocht werden, sonst schmeckt die Crème später mehlig.)
Während des Auskühlens die Crème gelegentlich umrühren. Kurz vor dem Servieren den Rahm schlagen und darunterziehen.
Nach dem gleichen Prinzip kann man mit starkem Espressokaffee eine Mokkacrème, mit Orangensaft eine Orangencrème usw. kochen.

Mein Stegreif-ABC

A

Abfälle von Gemüsen und Früchten nicht wegwerfen. Ausgekocht ergeben sie eine schmackhafte Brühe, die für Risotto oder als Saucen- und Suppengrundlage weiterverwendet werden kann. Nicht geeignet sind Gurkenabfälle und natürlich die Schalen von Bananen und Zitrusfrüchten. Von Kohl und Sellerie nicht zuviel verwenden, weil sonst ihr Geschmack allzusehr dominiert. Vor dem Gebrauch die Brühe unbedingt probieren, es kann sein, dass sie aus irgendeinem Grund bitter geworden ist.

B

Den **Business-Lunch** finde ich eine der dümmsten Erfindungen unseres Jahrhunderts. Ich vermute, diese üble Gewohnheit ist schuld an vielen Magengeschwüren und ähnlichen Gebresten.

C

Chinakohl ist ein herrliches, zartes Gemüse, das seit einigen Jahren auch bei uns angebaut wird. Es schmeckt sowohl roh, als Salat angemacht, wie auch gedämpft ausgezeichnet.

D

Im **Dampf** gegartes Gemüse wird besonders schmackhaft, weil dabei die Vitamine und Spurenelemente geschont werden. Man verwendet dazu einen Kochtopf mit gutschliessendem Deckel und ein spezielles Metallkörbchen, das in jeder Haushaltabteilung erhältlich ist.

E

Der **Eisschrank** ist ein echter Segen und erspart uns viel Arbeit und Zeit. Man sollte aber daran denken, dass viele Esswaren ihren Geschmack und das volle Aroma erst entwickeln, wenn sie Zimmer- oder Küchentemperatur annehmen konnten. Das gilt vor allem für Käse und kalt aufgeschnittenes Fleisch sowie für die meisten Früchte.
Essig lässt sich mit Weinresten sehr gut selber ansetzen. Man kann Freunde um eine Essigmutter bitten oder einfach warten, bis sich in der (unverschlossenen!) «Restenflasche» von selber eine bildet. In separaten Flaschen kann man verschiedene Würzmischungen ziehen lassen: mit Knoblauch, Kräutern, frischem Lorbeer oder sogar mit aromatischen Himbeeren.

F

Ein **Fischsud,** der eine rechte Portion Weisswein enthält, ist zu schade, um sogleich weggeschüttet zu werden. Wer genügend Platz hat, kann ihn einfrieren und später nochmals verwenden oder als Grundstock für eine Fischsuppe brauchen.
Fenchel, dieses ausgezeichnete Gemüse, ist in diesem Buch zu kurz gekommen. Wenn er zart ist, esse ich ihn am liebsten roh, in dünne Scheiben geschnitten oder gehobelt, mit Olivenöl, Zitronensaft, Salz und Pfeffer angemacht.

G

Gurken werden in der Schweiz meist nur als Salat oder als Essiggurken gegessen. Dabei schmecken sie als Gemüse gedämpft, mit frischem Dill und Sauerrahm, ausgezeichnet.

H

Honig eignet sich sehr gut zum Süssen von sauer-süssen Mischungen oder einfach zum Mildern von Säure. Wenn ich Pilze einlege, koche ich pro 2½ dl Essig einen Esslöffel voll Honig mit. Ein Esslöffel davon macht auch sehr saures Sauerkraut herrlich mild.

I

Ingwerstückchen geben dem Birnenkompott das gewisse Etwas. Kleine Scheiben von kandiertem Ingwer werden mitgekocht und zusammen mit den halbierten Birnen in heisse Gläser abgefüllt und sofort verschlossen.

K

Kräuter bleiben am längsten frisch, wenn sie ganz ohne Wasser in einem Glas mit Schraubdeckel im Eisschrank aufbewahrt werden.

L

Lemon Cheese hat nichts mit Käse zu tun. Es ist ein Brot-, Toast- oder Tortenbodenaufstrich aus Eiern, Zucker, Butter und Zitronensaft. Man schlägt alles zusammen sorgfältig auf dem Feuer oder im Wasserbad, bis eine glänzende, dickliche Crème entsteht.

M

Margarine ist nicht gesünder als Butter. Das ist das ärztliche Fazit eines langen, erbitterten Streites. Am gesündesten ist es, möglichst wenig Fett zu essen.

M-Dessert ist mit Rahm angereicherte Sauermilch, die es meines Wissens nur in der Schweiz und nur in einer einzigen Ladenkette zu kaufen gibt.

N

Eine Messerspitze **Natron,** kurz vor dem Servieren eingerührt, macht das Käsefondue leicht und luftig. Gibt man den Hülsenfrüchten eine Prise ins Kochwasser, werden sie schneller weich.

O

Oregano, wilder Majoran, ist auf einer Pizza (fast) unentbehrlich: Man findet ihn im Sommer an mageren Wegrändern. An seinen fliederfarbenen Blüten und an seinem Duft ist er leicht zu erkennen.

P

Petersilie gibt es auch in einer nichtkrausen Variante. Sie ist aromatischer und wird vor allem in Italienerläden verkauft.

Paprika muss nicht höllisch scharf sein. «Edelsüss» bedeutet würzig-mild. Rosenpaprika dagegen ist sehr scharf. Weil dieses Gewürz in der österreichisch-ungarischen Küche so wichtig ist, wurde dort das Wort «paprizieren» kreiert.

Q

Quitten sind nicht nur für Konfitüre und Quittenpasten zu gebrauchen. Dicke Schnitze in Butter und Zucker gebraten und karamelisiert, schmecken sehr gut zu Wild und Schweinefleisch – oder einfach so.

Quark liefert für unsere Ernährung wertvolles Eiweiss. Deshalb ist er ein ideales Nahrungsmittel für Haushalte, in denen man versucht, sich mit wenig Fleisch gesund zu ernähren.

R

Rote Beete, so der deutsche Name für die schweizerischen Randen, schmecken auch roh sehr gut. Man raffelt sie und vermischt sie mit Rahm oder Yoghurt.

S

Scharf gewürzt ist nicht ungesund. Im Gegenteil, es regt die Verdauung an.
Salz im Übermass hingegen kann der Gesundheit abträglich sein. Wer zu hohem Blutdruck neigt, sollte damit sparsam umgehen.

T

Mit **Tuttifrutti** wird in Italien ein gemischtes, kleingewürfeltes Früchtekompott bezeichnet. Ich koche manchmal verschiedene, nicht mehr ganz schöne Früchte zusammen zu einem Glas Marmelade ein und nenne sie Tuttifrutti.
Thermosflaschen gibt es praktisch in jedem Haushalt. Sie könnten täglich zum Warmhalten von Kaffee oder Tee benützt werden. Im Gegensatz zu einem Réchaud brauchen sie nämlich keine Energie.

U

Auf **«ungarische Art»** hat immer mit Paprika zu tun. Siehe unter P.

V

Vollkornbrot ist ein praktisch vollwertiges Nahrungsmittel. Versuchen Sie es einmal getoastet und mit einem der auf Seite 24 vorgeschlagenen Aufstriche.

W

Würste enthalten meistens viel verstecktes Fett. Ein Versuch der Metzgermeister, Würste mit weniger Fett auf den Markt zu bringen, stiess bei den Konsumenten auf wenig Gegenliebe. Man fand, die fetten Würste schmeckten besser.

Y

Ob man **Yoghurt** mit Y oder J schreibt, ist Geschmackssache.
Ysop ist ein Salatwürzkraut, das, obwohl bei uns heimisch, relativ wenig bekannt ist.

Z

Zucchetti einzumachen ist mir noch nie richtig gelungen. Ich habe es mit Tiefgefrieren wie mit Heisseinfüllen versucht; immer waren sie nachher fad und wässrig. Deshalb: aufessen, solange der Garten sie beschert. Siehe Rezepte Seite 46.
Zuppa inglese hat mit Suppe nichts zu tun. Es ist eine sehr süsse italienische Nachspeise.

Zum Weiterkochen und Weiterlesen

Bewusst kochen – herzhaft essen. In Dritte-Welt-Läden erhältlich oder bei der Erklärung von Bern, Gartenhofstrasse 27, 8004 Zürich, oder bei Buch 2000, Postfach 36, 8910 Affoltern a. A.

Frances Moore-Lappé. Die Öko-Diät. Wie man mit wenig Fleisch gut isst und die Natur schont. Fischer Alternativ Nr. 4013.

Panda Mahlzeit, WWF-Sonderheft, WWF, Postfach, 8037 Zürich

Zeitschrift «Aktion gesünder essen» AGE, Bestellungen bei WWF, Postfach, 8037 Zürich

dtv-Küchen-Lexikon, dtv Nr. 3140

Susan George, Nigel Paige. Food for Beginners. Writers and Readers Publishing, London (noch nicht auf deutsch erhältlich)